LIGNES DE CONCENTRATION

DES

ARMÉES DE LA TRIPLE ALLIANCE

LIGNES DE CONCENTRATION

DES

ARMÉES DE LA TRIPLE ALLIANCE

Par le Capitaine PINGET

DU 73ᵉ D'INFANTERIE

(Extrait de la *Revue d'Infanterie*.)

PARIS | **LIMOGES**
11, Place Saint-André-des-Arts. | 46, Nouvelle Route d'Aixe, 46.

Henri CHARLES-LAVAUZELLE

Editeur militaire

1895

LIGNES DE CONCENTRATION

DES

ARMÉES DE LA TRIPLE ALLIANCE

I

Dans un petit travail, publié en 1891 (1), j'avais donné la traduction d'un article d'un officier suisse, inséré dans les *Basler Nachrichten* et intitulé : *Comment peuvent être tournées les fortifications du Saint-Gothard.*

Dans cet article visant particulièrement l'Italie, l'auteur donnait en résumé, aux Italiens, les conseils suivants :

« Dans une guerre contre la France, évitez surtout l'éparpillement de vos forces; ne cherchez pas à protéger tout votre littoral : il est trop étendu pour pouvoir partout être efficacement défendu; bornez-vous donc à en faire garder les points importants par vos milices.

» Formez quatre armées avec toutes vos forces militaires disponibles.

» Concentrez la première armée autour de Rome : elle aura pour mission, au début des hostilités, de protéger la capitale, de soutenir et d'appuyer au besoin les milices dans la défense des côtes. Si, par suite de succès obtenus par votre flotte, vous devenez maîtres de la mer, cette première armée pourra tenter une descente en Tunisie.

» La deuxième et la troisième armées devront prendre résolument l'offensive sur les Alpes, avec Lyon pour

---

(1) *Les Italiens devant Belfort,* H. Charles-Lavauzelle, éditeur.

objectif. Il faut à tout prix que ces deux armées maintiennent, occupent, immobilisent le plus possible de troupes françaises dans cette région.

» Les batailles décisives se livreront sur les bords de la Meuse ou de la Moselle; par conséquent, concentrez votre quatrième armée autour de Vérone et envoyez-la dans la Haute-Alsace, en utilisant pour cela les voies ferrées du Brenner, de l'Arlberg et celles de l'Allemagne du Sud.

» Cette armée pourra, soit opérer de concert avec les forces allemandes du côté de Belfort, soit agir d'une façon plus indépendante en poussant une pointe sur Besançon, protégeant ainsi le flanc gauche des Allemands et menaçant les derrières des armées françaises occupées sur les Alpes.

» Pour le transport de cette quatrième armée dans la haute Alsace, n'essayez point de vous emparer de la ligne ferrée du Gothard, car vous pouvez dès maintenant prévoir, par les travaux de fortification que nous y avons exécutés, que nous sommes bien résolus à la défendre et vous savez que l'armée suisse, combattant sur son sol, au milieu de ses montagnes, n'est pas une quantité négligeable.

» La voie ferrée Brenner-Arlberg n'est d'ailleurs guère plus longue; elle a l'avantage de ne pouvoir être menacée sur aucun de ses flancs — ce qui n'est pas le cas pour la ligne du Gothard — et sa possession n'exigera aucun combat puisqu'elle ne traverse que des territoires appartenant à vos alliés. Il suffit d'ajouter dès maintenant — si ce n'est déjà fait — au traité d'alliance, une clause indiquant que l'Autriche mettra cette ligne à votre disposition à l'ouverture des hostilités.

» Il serait bon toutefois, pour augmenter le rendement et faciliter la circulation, d'établir dès maintenant une seconde voie sur les portions de cette ligne qui en sont encore dépourvues. »

Il faut croire que ces conseils intéressés du stratège suisse ont été entendus et trouvés bons dans les hautes sphères militaires de la *triplice,* car, récemment, lors de la discussion de la nouvelle loi militaire, le chancelier de l'empire d'Allemagne, général de Caprivi, a, devant la commission militaire du Reichstag, parlé du cas où une partie du réseau ferré autrichien serait mise à la disposition de l'Italie comme d'un fait prévu et d'un projet arrêté (1).

La connaissance précise de ces voies ferrées et des pays qu'elles traversent a donc une certaine utilité pour nous Français : il est bon de connaître d'avance la valeur réelle des moyens d'attaque dont disposeront nos ennemis dans la prochaine guerre.

II

Le Tyrol, comme la Suisse, avec laquelle il a d'ailleurs, comme topographie, beaucoup d'autres traits de ressemblance, n'est pas limité par des frontières naturelles, et ses habitants n'appartiennent pas à une même race et ne parlent pas tous la même langue.

Il comprend (2) plusieurs vallées et parties de vallées appartenant : les unes au bassin de la mer Noire ; les au-

(1) « Aber Italien kœnne sich nicht unmittelbar anschliessen im falle eines krieges mit Frankreich allein, da alsdann fur Osterreich der *casus fœderis* nicht vorliage und Italien zur Vereinigung mit deutschen Streitkræften œsterreichische Bahnen benutzen musste. » (Extrait du discours prononcé, le 12 janvier 1893, par le général de Caprivi, devant la commission militaire du Reichstag.)

(2) Dans cette description le Vorarlberg est supposé faire partie du Tyrol : il est d'ailleurs souvent considéré ainsi, ayant, tant au point de vue géographique et ethnographique, qu'au point de vue politique et militaire, avec ce dernier pays une foule d'affinités et des institutions et privilèges analogues.

très, au bassin de l'Adriatique, et enfin quelques-unes — celles du Vorarlberg — au bassin de la mer du Nord.

Appartiennent au bassin de la mer Noire :

1° La haute vallée du *Lech ;*

2° La haute vallée de l'*Isaar ;*

3° La vallée moyenne de l'*Inn*, depuis Nauders, frontière suisse, jusqu'à Kufstein, frontière bavaroise ;

4° La haute vallée de l'*Acken ;*

5° La haute vallée de la *Drave.*

Appartiennent au bassin de l'Adriatique :

1° La haute vallée du *Mincio*, Sarca ;

2° La vallée supérieure de l'*Adige ;*

3° La haute vallée de la *Brenta.*

Appartiennent au bassin de la mer du Nord :

1° La vallée de l'*Ill ;*

2° La vallée de la *Brégenz.*

Les vallées de l'*Inn* et de l'*Adige*, qui constituent près des trois quarts du territoire du Tyrol, comprennent un certain nombre de vallées secondaires arrosées par les affluents.

Les plus importantes sont, dans le bassin de l'*Inn :*

1° Les vallées de la *Rosana* et de la *Trésana*, affluents de gauche ;

2° Les vallées de la *Piltz*, de *Oetz*, du *Mélach*, de la *Sill*, de la *Ziller*, de *Brixen*, affluents de droite.

Dans le bassin de l'Adige :

1° Les vallées de la *Noce* — val di Noce, val di Sol ; — de l'*Ulten*, de la *Martel*, affluents de droite ;

2° Les vallées de la *Passer ;* de la *Talfer ;* de l'*Eissack ;* de l'*Avisio*, affluents de gauche.

L'orographie du Tyrol n'est pas facile à exposer, car rien de plus confus, de plus tourmenté que les chaînes et massifs de montagnes de cette contrée, par suite rien qui se prête plus difficilement à une description méthodique.

On peut, cependant, donner une idée suffisamment claire du système en divisant ces montagnes en quatre groupes.

Le premier groupe, au nord, comprend la chaîne séparant les bassins du Lech et de l'Isaar, du bassin de l'Inn.

Cette chaîne est traversée par les voies de communications suivantes :

1° Route de Iembach à Gmund, par l'*Achen pass* (871 mètres) ;

2° Route de Zirl à Mittenwald, par le défilé de *Scharnitz* et le col de *Seefeld* (1.176 mètres);

3° Route de Nassereit à Fussen, par le *Fern pass* (1.210 mètres);

4° Route de Landeck à Bludenz, par le col de l'*Arlberg* (1.788 mètres) ;

5° Voie ferrée Innsbruck-Feldkirch, par le tunnel de l'*Arlberg* (1.310 mètres).

Les plus hauts sommets de cette chaîne sont, en partant de l'extrémité est :

Le *Birckar* (3.753 mètres) ; la *Zug-Spitz* (2.960 mètres) ; la *Parseier Spitz* (3.034 mètres) ; l'*Arlberg* (1.800 mètres) ; le *Trostberg* (2.736 mètres) ; la *Fluch-horn* (3.494 mètres) ; le pic *Vadret* (3.240 mètres).

Le deuxieme groupe, au centre, comprend la chaîne formant limite entre le bassin de l'Inn et le bassin de l'Adige.

Elle est traversée par les voies de communication suivantes :

1° Le sentier muletier de Windisch à Mittersill (1.303 mètres) ;

2° Le sentier muletier de Kasern à Kriml (1.900 mètres);

3º Le sentier, presque impraticable, entre Sterzing et Ziller, par le col de *Pfitscher;*

4º La route de Trente à Innsbruck, par le col du *Brenner* (1.370 mètres);

5º La voie ferrée Verone-Innsbruck, par le col du *Brenner;*

6º Le sentier très difficile de Saint-Léonard à Sterzing, par le col de *Taufen;*

7º Le sentier, presque impraticable, de Naturns à Fend, par le col du *Nieder-Joch;*

8º La route de Nauders à Mals, par le col de *Reschen* (1.494 mètres).

Les plus hauts sommets de cette chaîne sont, en partant de l'est:

Le *grand Glockner* (3.797 mètres); le *grand Vénédiger* (3.673 mètres); la *Dreiherrn Spitz* (3.499 mètres); l'*Olperer* (3.489 mètres); la *Loffler Spitz* (3.382 mètres); le *Hoch Feiler* (3.506 mètres); le *Schran* (3.498 mètres); le *Hoch* (3.477 mètres); le *Simulaun* (3.599 mètres); la *Wild-Spitz* (3.776 mètres).

Le troisième groupe, à l'ouest, comprend la chaîne séparant le bassin de l'*Adige* des bassins de l'*Adda*, de l'*Oglio* et du haut *Mincio*, Sarca.

Cette chaîne est traversée par les voies de communication suivantes:

1º La route de Mals à Bormio, par le *col du Stelvio* (2.756 mètres) (1);

2º La route de Fusine à Edolo, par le col du *Tonal.*

3º La route de Trente à Arco, par le défilé de *Vezanno.*

4º La route de Rovérédo à Riva, par le défilé de *Torbole* (2).

---

(1) La route de voiture la plus élevée de l'Europe.
(2) Col de Nogo.

Les plus hauts sommets de cette chaîne sont, en commençant par le nord :

L'*Ortler*, 3.905 mètres ; la *pointe de Mare*, 3.784 mètres ; l'*Adamello*, 3.554 mètres ; la *pointe de Brenta*, 3.146 mètres ; la *Pagnetta*, 2.120 mètres.

Le quatrième groupe, à l'est, comprend la chaîne séparant le bassin de l'Adige des bassins de la Drave, de la Piave et de la Brenta.

Cette chaîne est traversée par les voies de communication suivantes :

1º Le sentier muletier de Bruneck à Hopfgarten, par le col de *Défereggen* ;

2º La route de Bruneck à Lienz, par le col de *Toblach* ;

3º La voie ferrée Franzenfeste-Willach, par le col de *Toblach* (1.204 mètres).

4º Le sentier muletier de Toblach à Pieve, par le *val d'Ampezo* ;

5º La route de Trente à Bassano, par le *val Sugana* ;

6º La route de Roveredo à Torre, par le col de *Fuga*.

Les plus hauts sommets de cette chaîne sont, en commençant par le nord :

La *Spitzkofel*, 2.740 mètres ; la *Dreischusterspitz*, 3.074 mètres ; la *Marmolada*, 3.394 mètres ; la *pointe de Pala*, 3.343 mètres ; le *Pasubio*, 2.232 mètres.

Le Tyrol, malgré la latitude sous laquelle il se trouve (46º et 47º) et la haute altitude de la plupart de ses vallées, jouit d'une température relativement très douce. L'élevage des vers à soie se fait dans tout le Trentin ; on cultive la vigne dans la vallée de l'Adige, depuis Ala jusqu'à Méran. Dans les environs de cette dernière ville — le Nice des Allemands — l'olivier et le figuier poussent en pleine terre. On trouve des noyers et des châtaigniers jusqu'au pied du Brenner. J'ai traversé cette montagne le 11 décembre : il y avait à peine cinq centimètres de neige au col, tombée de la veille ; c'était la première de la saison.

On parle allemand dans toutes les vallées appartenant aux bassins du Danube et du Rhin et dans la partie nord du bassin de l'Adige.

On parle italien dans la partie sud du bassin de l'Adige, dans la haute vallée du Mincio (Sarca) et dans la haute vallée de la Brenta (val Sugana).

Le dialecte roman est encore en usage dans quelques localités de la haute vallée de la Drave (Puster Thal), dans la vallée de Gröden et dans la haute vallée de l'Ill (Montafoner Thal).

Quant à la question de race, les politiciens s'en mêlant, on est loin d'être d'accord sur ce sujet.

Les Allemands prétendent que toutes les populations qui font usage de la langue allemande sont de race germanique, tandis que les Italiens réclament comme compatriotes tous les habitants du versant sud des Alpes.

Enfin, certains savants affirment que les habitants du Tyrol ne sont ni de race germanique, ni de race latiné, mais bien, comme descendants des anciens Rhétiens, de race gauloise : race qui a été plus où moins *panachée*, par suite de l'occupation de la contrée et par les Romains dans les premiers siècles de l'ère chrétienne, et par les Germains à l'époque de leurs grandes invasions.

Ce qu'il y a de certain, c'est que les Tyroliens secs et nerveux, avec leur figure osseuse, leurs yeux et leurs cheveux noirs, n'ont pas du tout le type du Germain « au teint clair, aux yeux bleus et aux cheveux blonds »; ils ressemblent beaucoup plus — il est vrai que le costume y est pour quelque chose — à des Calabrais qu'à des Allemands.

Dans toute la partie du Tyrol où l'on parle italien, il existe un parti italien assez nombreux et très remuant. Le journal *Alto Adige*, organe de ce parti, ne se gêne pas pour demander ouvertement l'annexion de toute la vallée de l'Adige à l'Italie.

A mon passage à Trente, le 9 novembre, on vendait dans

— 13 —

les établissements publics, au bénéfice de la *Lega nazionale,* société d'instruction patronnée par les *irrédentistes,* un almanach illustré : *Strenna Trentina,* contenant les plus violentes attaques contre les autorités autrichiennes.

Ce qu'il y a de curieux, c'est que ceux qu'exaspèrent le plus les agissements des irrédentistes italiens dans le Tyrol, ne sont pas les Autrichiens, ni même les Allemands d'Autriche, mais bien les Allemands du nouvel empire d'Allemagne.

L'un d'eux, le docteur Noé, écrivait récemment ce qui suit :

« La vallée de l'Adige doit être, pour les Allemands, l'objet des mêmes préoccupations, du même culte que celle du Rhin. Beaucoup plus pittoresque que la vallée du Rhin, elle a aussi mieux conservé l'empreinte du moyen âge.

» Il n'y a pas une localité sur les bords de ce fleuve où les Germains n'aient combattu contre les Latins ! Les Cimbres contre les consuls de Rome, Alaric contre Stilicon, les Francs contre les Lombards, l'armée autrichienne contre le Corse et ses généraux !

» Dans cette vallée, porte de l'Italie, on croit entendre encore le cliquetis des armes et les chants de guerre de nos aïeux et, entre les hautes montagnes qui l'enserrent, le moyen âge germanique a laissé, comme dans la salle des armures d'un vieux burg, une abondante provision d'antiques et patriotiques souvenirs. » (1)

Et plus loin, en parlant de la nouvelle frontière austro-italienne, il ajoute : « Ici, en 1848, Radetzki avait fait ériger une table de marbre sur laquelle était gravée l'inscription suivante : *Confins de la confédération germanique.* Ah ! que les temps sont changés ! Maintenant ces forts magnifiques (2), qui défendaient les portes sud du Tyrol, ont été

____

(1) *Von Deutschland nach Italien,* Orell Füssli, éditeur, Zurich.
(2) Forts de la Chiusa de Vérone.

livrés par l'Autriche, avec bien d'autres choses encore, à l'Italie ! à la vaincue de Custozza ! »

A l'exception des irrédentistes du Trentin, les Tyroliens ont toujours été et sont encore très attachés à la maison d'Autriche, dont ils sont les plus fidèles sujets et les meilleurs soldats depuis le xive siècle.

Le Tyrol, de par la volonté de Napoléon Ier, fut annexé à la Bavière, alors notre alliée, de 1804 à 1814. Pendant cette période les Tyroliens se soulevèrent plusieurs fois contre leurs nouveaux maîtres, et en 1809, sous la conduite d'un des leurs, l'aubergiste Andréas Hofer (1), réussirent même à chasser temporairement de leur territoire les troupes franco-bavaroises. Tout récemment une statue de ce chef de partisans a été érigée sur l'Iselberg, colline située au sud-ouest d'Innsbruck ; l'empereur François-Joseph a lui-même présidé à l'inauguration de ce monument.

Malgré cette commémoration des luttes soutenues autrefois contre nous, il n'y a pas un pays de langue allemande où les Français soient aussi bien accueillis que dans le Tyrol et tout particulièrement à Innsbruck.

Le Tyrol, la haute Autriche et le pays de Salzburg forment le territoire du 14me corps d'armée autrichien, avec Innsbruck comme chef-lieu de région (a).

Les troupes tenant garnison dans le Tyrol sont les suivantes :

Innsbruck	2 bataillons d'infanterie du 11e régiment (b).
	2 bataillons de chasseurs tyroliens : nos 3 et 4 (c).
	1 compagnie d'artillerie de forteresse, du 1er bat. (d).
	1 batterie d'artillerie de montagne : n° 5 (e).
	Train du 14e corps (5 escadrons) (f).
	1 section d'infirmiers (g).
Brégenz	1 bataillon de chasseurs tyroliens : n° 1.
Halle	1 bataillon d'infanterie du 11e régiment.
Brixen...........	1 bataillon de chasseurs tyroliens : n° 8.
Franzenfeste.....	3 compagnies d'artillerie de forteresse, du 1er batail.

---

(1) Voir, à la gauche, la notice concernant ce personnage.

Trente.......... {	2 bataillons d'infanterie, du 18ᵉ régiment ; 1 bataillon de chasseurs tyroliens : n° 11 ; 2 batteries d'artillerie de montagne : nᵒˢ 1 et 3.
Pergine..........	1 bataillon d'infanterie du 18ᵉ régiment.
Botzen..........	1 bataillon de chasseurs tyroliens : n° 5.
Riva....:.......	1 bataillon de chasseurs tyroliens : n° 6.
Rovérédo	1 bataillon de chasseurs tyroliens : n° 10.
Cavalese.·.......	1 bataillon de chasseurs tyroliens : n° 12.

OBSERVATIONS

Il y a dans l'armée autrichienne :

(a) 15 corps d'armée. Les troupes occupant la Bosnie et l'Herzégovine forment le 15ᵐᵉ corps.

(b) 102 régiments d'infanterie, à 4 bataillons.

(c) 1 régiment (Franz-Joseph) de chasseurs tyroliens à 12 bataillons : 9 de ces bataillons tiennent garnison dans le Tyrol, 2 à Vienne et 1 à Névesinge (Bosnie) (1).

(d) 6 régiments d'artillerie de forteresse : les trois premiers à 3 bataillons, les trois derniers à 2 bataillons. Il y a de plus 3 bataillons d'artillerie de forteresse indépendants. Tous ces bataillons sont à 4 compagnies, ce qui donne un total de 72 compagnies.

(e) 3 batteries de montagne (indépendantes) de 4 pièces chacune. Elles portent les nᵒˢ 1, 3 et 5 et sont toutes dans le Tyrol. Au moment d'une mobilisation il en sera formé 3 autres qui prendront les nᵒˢ 2, 4 et 6.

(f) 3 régiments du train à 5 divisions, soit 15 divisions réparties sur tout le territoire, à raison de 1 par corps d'armée.

(g) 26 sections d'infirmiers (sanitats trüppe abtheilungen) réparties, en temps de paix, entre les différents hôpitaux militaires.

III

La voie ferrée Vérone-Innsbruck, par le Brenner, a une longueur de 270 kilomètres. Elle a été achevée en 1867 : c'est donc la première ligne ferrée qui ait franchi les Alpes. Elle ne traverse pas la chaîne à l'aide d'un long tunnel, comme c'est le cas pour les lignes du mont Cenis et du Saint-Gothard, mais elle escalade les pentes jusqu'au col

---

(1) Outre les 12 bataillons de chasseurs tyroliens, l'Autriche a encore 30 bataillons de « Feld-jœger », soit, en tout, 42 bataillons de chasseurs.

du Brenner (1.370 mètres), par une série de rampes, de viaducs et de petits tunnels, dont quelques-uns sont demi-circulaires.

Cette ligne a des courbes qui n'ont pas 70 mètres de rayon et des rampes qui atteignent 23 millimètres par mètre sur le versant sud et 25 millimètres par mètre sur le versant nord. C'est ce qui explique le petit nombre de voitures composant les trains — vingt au maximum — et la lenteur de marche de ces derniers. Les trains rapides mettent environ huit heures pour parcourir la distance qui sépare Vérone d'Innsbruck, ce qui donne à peine 34 kilomètres à l'heure. La plupart des trains, surtout ceux de marchandises, doivent être remorqués par deux locomotives pour escalader le versant nord.

Malgré cette lenteur de marche sur certaines parties de son parcours, la ligne du Brenner constitue, encore aujourd'hui, la voie de communication la plus courte entre l'Allemagne et l'Italie, entre Berlin et Rome.

Dans tous les cas, si cette ligne laisse un peu à désirer sous le rapport commercial, elle est en revanche bien agréable pour le touriste et très intéressante pour l'ingénieur : son tracé en corniche, ses tunnels demi-circulaires, ses nombreux viaducs — il y en a plus de soixante — les beautés sauvages des vallées qu'elle suit ou traverse lui donnent un aspect tout à fait grandiose.

Cette ligne ferrée est, moins la section Vérone-Péri (37 kilomètres), en entier sur le territoire autrichien. Elle suit la vallée de l'Adige, de Vérone à Botzen ; la vallée de l'Eissack — affluent de gauche de l'Adige — de Botzen au col du Brenner ; la vallée de la Sill — affluent de droite de l'Inn — du col du Brenner à Innsbruck.

Une ancienne voie romaine, datant du premier siècle de l'ère chrétienne, traversait le col du Brenner ; cette voie, améliorée et quelque peu modifiée en 1772, avait été ainsi transformée en une excellente route, praticable aux voitures en toute saison. Le tracé de la voie ferrée s'écarte très peu de celui de cette ancienne route.

Dans la description sommaire de la ligne, qui va suivre, les chiffres placés entre parenthèses, après le nom des localités, indiquent la distance qui sépare ces dernières de Vérone.

De Vérone à Parona.

Vérone, 70.000 habitants, ville forte avec enceinte bastionnée et forts détachés, chef-lieu de région du 5e corps d'armée italien. Tête de ligne pour la voie ferrée du Brenner, point de jonction de cette dernière avec les lignes de Milan, de Mantoue et de Venise.

La gare centrale de Vérone, en dehors de l'enceinte, est située au sud-est de la ville ; elle est spacieuse, possède des aménagements et un outillage en rapport avec son importance. A l'ouest de la gare se trouve l'embranchement d'une petite voie qui traverse l'enceinte de la ville, passe sur la place d'armes et va aboutir aux bâtiments militaires de la porte Vittoria.

Cette voie est sans doute destinée à l'embarquement des troupes et du matériel militaire.

L'Adige partage Vérone en deux parties inégales, la plus importante se trouve sur la rive droite : six ponts relient ces deux parties de la ville.

Les guides, qui pullulent autour de la gare, obsédant los étrangers avec leurs offres de service, conduisent généralement les Français à la porte Saint-Georges, au nord de la ville, et là leur montront, d'un air satisfait, quelques éraflures dans le revêtement de la fortification, anciennes traces, disent-ils, de l'assaut donné à la ville par nos troupes en 1805.

En sortant de la gare, la ligne du Brenner longe tout d'abord le front sud, passe à la petite station de la Porte-

Neuve, en empruntant la voie Vérone-Milan-jusqu'à Santa-Lucia. A partir de ce dernier point, elle bifurque à droite et suit une direction sud-nord jusqu'à Parona. Avant d'arriver à cette dernière station, elle passe sur la rive gauche de l'Adige en traversant un très beau viaduc.

Sur ce parcours, la ligne est en plaine, légèrement dominée à gauche par le terrain ; elle passe à la gorge de cinq redoutes ou forts, constituant la défense avancée du front ouest de Vérone. Le plus important de ces ouvrages, qui paraît de construction récente, est situé sur la rive droite du fleuve, près du viaduc de Parona.

De Parona à Domégliara.

Parona (7 kilomètres), petite station dont la gare ne possède aucun aménagement particulier.

De Parona à Domégliara, la ligne suit une direction sud-est-nord-ouest ; elle est dominée à droite par les contreforts du mont *Lessine*.

La station de *Pescantina*, entre Parona et Domégliara, n'a aucune importance.

De Domégliara à Céraïno.

Domégliara (17 kilomètres), station assez importante, possède dans son voisinage des carrières de marbre. La gare, assez bien installée, a un quai d'embarquement pour bestiaux, des hangars et quatre ou cinq voies de garage.

Après Domégliara, la ligne traverse sur un pont la voie du tramway à vapeur *Vérone-Caprino*, puis se rapproche de l'Adige et, se redressant vers le nord, entre dans une véritable gorge que les Italiens appellent la *Chiusa de Vérona* et les Allemands *Berner-Klausen*.

Cette gorge, porte sud du Tyrol et porte nord de la Lombardie, a une grande importance stratégique ; aussi a-t-elle été fortifiée de temps immémorial. Ce défilé est actuellement défendu par plusieurs forts. De la voie ferrée, on en aperçoit trois : deux sur la rive droite et un sur la rive gauche.

De Céraïno à Ala.

Céraïno (24 kilomètres), au débouché nord du défilé, possède une gare assez bien organisée.

Après Céraïno, la vallée s'élargit un peu, la voie reste cependant enserrée entre la rive gauche de l'Adige et le mont Lessine. A l'ouest, où les montagnes sont moins rapprochées du fleuve, on a une vue plus étendue : on aperçoit, un instant, les hauteurs de Rivoli, célèbres dans notre histoire militaire.

Péri, dernière station italienne ; gare sans importance.

La voie ferrée continue à courir, très à l'étroit, entre la rive gauche de l'Adige et les hautes montagnes de l'est. A l'ouest, les hauteurs, étant moins rapprochées du thalweg, laissent entre elles et le fleuve une petite plaine très bien cultivée. On passe devant *Vo*, première localité autrichienne, sans que l'aspect du sol ou des habitants indique, par un changement quelconque, à l'observateur, qu'il est entré sur le territoire d'une autre nation.

De Ala à Roveredo.

Ala (41 kilomètres), 4.000 habitants, première station autrichienne. Bureau des douanes autrichiennes et aussi bureau des douanes italiennes.

Ici comme à Modane (Savoie), les Italiens ont, je ne sais en vertu de quel privilège, leur bureau de douanes installé sur le territoire du voisin. Cet état de choses n'est pas sans inconvénient, car, s'il faut en croire les on-dit, les agents des douanes italiennes, à Modane comme à Ala, ne s'occupéraient pas exclusivement que des questions de fraude et de contrebande.

La gare d'Ala possède un quai d'embarquement pour bestiaux, des hangars et plusieurs voies de garage.

De Ala à Roveredo, la voie longe toujours de très près la rive gauche de l'Adige. Après Ala, on a une échappée de vue, à l'est, sur une petite vallée dont la naissance se trouve à la frontière entre les mont Lessine et Posta.

Après *Serravalle*, petite station sans importance, la vallée s'élargit brusquement et, peu après, on aperçoit, à l'ouest, la trouée de Torbole par où passent la voie ferrée et la route Mori-Riva. Cette trouée fait communiquer le bassin de l'Adige avec le bassin du lac de Garde (Mincio supérieur). Un ennemi venant du nord et descendant la vallée de l'Adige peut, pour entrer dans les plaines lombardes, tenter une diversion par cette voie.

Mori, petite station, à l'embranchement du chemin de fer de *Riva*.

De Roveredo à Trente.

Roveredo (57 kilomètres), 10.000 habitants, ville très commerçante, à l'embranchement des routes Riva-Brescia et Schio-Vicenza. Gare bien organisée, quais d'embarquement pour bestiaux, hangars et nombreuses voies de garage.

A l'est de Roveredo débouche le val d'Arsa par où passe la route de Vicenze.

Au nord de Roveredo se rétrécit de nouveau brusquement la vallée ; la ligne ferrée franchit cet étranglement appelé *la Gola de la Piétra*, en passant sous un petit tunnel. On aperçoit à l'est, sur une hauteur, les ruines du château fort de *Beseno* qui, au moyen-âge, défendait l'entrée de ce défilé.

Après *Galliano*, petite station sans importance, la vallée s'élargit à nouveau ; il y a même, de là jusqu'à Trente, une petite plaine d'aspect marécageux, sur la rive droite du fleuve. La ligne ferrée et la route continuent à suivre le pied des rochers de la rive gauche.

De Trente à Botzen.

Trente (81 kilomètres), 22.000 habitants, ville riche en souvenirs historiques, assez commerçante, quoique bien déchue. Sa cathédrale, dans le style du Dôme de Milan, ses palais de marbre, ses larges rues, ses vastes places avec fontaines monumentales lui donnent un aspect tout à fait italien. Elle est dominée par plusieurs vieux châteaux : les uns sont en ruine, les autres sont transformés en couvents ou en casernes.

Le val Fiéroza, à l'est, traversé par la route qui conduit dans la vallée de la Brenta, et le défilé de Vezzano, à l'ouest, traversé par la route qui conduit dans la vallée du haut Mincio (Sarca), élargissent un peu l'horizon autour de Trente et donnent à cette ville une certaine importance stratégique.

La gare, à l'ouest et quelque peu éloignée de la ville, possède des aménagements en rapport avec l'importance de la cité qu'elle dessert.

De Trente la ligne ferrée, serrée d'un peu moins près par les hauteurs de la rive gauche, continue à se diriger vers le nord. Elle passe à *Gordolo*, station sans importance, mais en amont de laquelle l'Adige est, paraît-il, guéable on deux ou trois endroits. Elle traverse ensuite l'Avisio, affluent de gauche, puis, un peu avant d'arriver à Saint-Michel, elle passe, de la rive gauche, qu'elle suit depuis Parona, sur la rive droite du fleuve.

Saint-Michel, petite station, assez importante au point de vue militaire, par sa situation au débouché du défilé de la Rochetta. Ce défilé est traversé par une bonne route qui suit la vallée de la Noce, affluent de droite, traverse le col du Tonnal et conduit à Edolo, reliant ainsi la vallée de l'Adige avec la vallée de l'Oglio. Le défilé de la Rochetta est défendu par un fort.

Au nord de Saint-Michel, la vallée se rétrécit et, sur une longueur de 800 mètres, la voie court au milieu d'un cahos de rochers. Cette gorge forme le défilé dit de *Salurn*, autrefois fortifié. Il fut tourné, en 1797, par les troupes du général Joubert, qui escaladèrent les hauteurs presque inaccessibles de Saint-Michel et purent ainsi arriver au débouché nord du défilé, sans coup férir.

Salurn, petite station, première localité où l'on parle allemand.

Neumarkt, station avec gare assez bien organisée; quai d'embarquement pour bestiaux, voie de garage.

Auer, petite station, de laquelle part une route de montagne très praticable, qui conduit à Cavalese, dans la vallée de l'Avisio.

Saint-Michel, Salurn, Neumarkt et Auer sont des localités de la rive gauche dont les gares, comme la ligne ferrée, sont situées sur la rive droite.

Après Auer, la vallée se rétrécit de nouveau et la voie ferrée repasse sur la rive gauche du fleuve.

Brandzoll, petite localité dont la gare est assez bien organisée. A Brandzoll, l'Adige cesse d'être navigable. A ce sujet, je dois dire que, de Vérone jusqu'ici, je n'ai pas aperçu une seule embarcation sur le fleuve.

Sur la section de la ligne ferrée, comprise entre Brandzoll et Botzen, on a, à l'ouest, une échappée de vue magnifique sur la vallée jusqu'à Méran, la vue n'est limitée que par la *Hoch Wild Spitz*; ce point de vue est un des plus beaux de la ligne du Brenner.

La ligne abandonne la vallée de l'Adige pour entrer dans celle de l'*Eissack* : on traverse cette dernière rivière sur un beau viaduc, un peu avant d'arriver à Botzen.

De Botzen à Franzensfeste.

Botzen (136 kilomètres), 12.000 habitants, au confluent de l'Eissack et de la Talfer et non loin du confluent de l'Eissack et de l'Adige, est une ville très commerçante, entourée de sites magnifiques.

A Botzen s'embranche la ligne ferrée de Méran. Cette ligne est longée, sur sa droite, par la route qui dessert toute la haute vallée de l'Adige et conduit à Nauders dans la vallée de l'Inn par le col de Reschen (1.494 mètres). La voie ferrée Botzen-Méran sera elle-même prolongée, sous peu, jusqu'à Nauders, et, après, de Nauders à Lendeck. On pourra ainsi, et sans passer par le Brenner et Innsbruck, arriver plus rapidement au pied de l'Arlberg.

La gare de Botzen est bien organisée; elle possède des quais d'embarquement pour bestiaux, des hangars et de nombreuses voies de garage.

En sortant de Botzen la ligne du Brenner suit, pendant quelques kilomètres, une direction ouest-est, puis reprend la direction du nord, traverse sur viaducs trois ou quatre fois l'Eissack passant ainsi alternativement de la rive droite sur la rive gauche et réciproquement ; elle traverse aussi quelques petits tunnels.

La vallée de l'Eissack est très étroite, tortueuse et dominée par de hautes montagnes. Vue très bornée à l'ouest; à l'est, on a des échappées de vue sur deux ou trois petites vallées. La plus importante de ces dernières est celle de Gröden, dont l'entrée se trouve en face de la petite station de *Waidbruck*.

La vallée de *Gröden* est habitée par les *Ladins*, petit peuple qui prétend descendre directement des anciens Romains. Ils parlent encore, entre eux, un patois qui n'est qu'un latin corrompu. Cette singulière population s'occupe tout particulièrement de la sculpture sur bois;

elle possède, paraît-il, de véritables artistes dans cette branche d'industrie, ce qui fait que, malgré l'aridité de ses montagnes, elle jouit d'une grande aisance.

Klausen, station assez importante, à l'entrée d'une gorge fort étroite; cette gorge était autrefois défendue par le château fort de *Seben*, qu'on aperçoit à l'ouest, sur un rocher. Klausen est situé sur la rive droite de l'Eissack; sa gare et la ligne ferrée sont sur la rive gauche.

Brixen, 3.000 habitants, au confluent de la Rienz et de l'Eissack. Gare assez importante, possède un quai d'embarquement pour bestiaux et des voies de garage.

Au nord de Brixen, la vallée s'élargit quelque peu, et l'on a une vue relativement étendue vers l'est.

De Franzensfeste à Sterzing.

Franzensfeste (186 kilomètres), petite localité, composée de deux ou trois maisons et la gare. Cette dernière est bien organisée.

Franzensfeste est un point stratégique excessivement important où s'embranchent la voie ferrée et la route qui, toujours, l'une près de l'autre, se dirigent, à l'est, sur *Willach*, passant de la vallée de la Rienz dans la vallée de la Drave, par le col de Toblach (1.200 mètres), reliant ainsi le bassin du Danube au bassin de l'Adige.

Deux forteresses de premier ordre défendent ce point: L'une se trouve dans la vallée, à l'angle sud formé par l'intersection des deux lignes ferrées; elle est un peu dominée par ces dernières, du haut desquelles on aperçoit très bien les soldats manœuvrant dans les cours intérieures. L'autre est perchée sur un rocher surplombant, à l'ouest, la ligne du Brenner: elle a des vues très étendues sur la vallée de l'Eissack, en amont et en aval de la gare, ainsi que sur la vallée de la Rienz. — Puster Thal. — Ces deux forteresses peuvent battre aussi le débouché nord de la gorge de Klausen, dont j'ai parlé précédemment.

A partir de Franzensfeste, la vallée de l'Eissack change d'aspect, le fond présente peu de cultures, mais est en général couvert par des prairies naturelles et les hauteurs de droite et de gauche sont très boisées.

La ligne ferrée longe la rive droite de la rivière et, comme cette dernière, suit une direction sud-est-nord-ouest.

Mittelwald, petite station, au milieu d'un défilé où, en 1809, les Tyroliens soulevés firent subir un échec à l'avant-garde du corps Lefebvre.

Au nord de Mittelwald la ligne ferrée passe sur la rive gauche et la vallée s'élargit; on aperçoit sur les hauteurs dc droite et de gauche nombre de vieux châteaux forts. Cette partie de la vallée est des plus pittoresques.

De Sterzing à Brenner-Station.

Sterzing (205 kilomètres), 2.400 habitants, petite ville au milieu d'un assez vaste bassin, aux débouchés de trois petites vallées. Elle est remarquable par ses vieilles constructions : monuments et maisons ayant un aspect tout à fait moyen âge. Elle était autrefois, lorsqu'on exploitait les mines de fer et de plomb des environs, très florissante. Actuellement, par suite de sa situation entre les « *Otzthaler Alpen* » et les « *Zillerthaler Alpen* », les deux plus beaux massifs montagneux du Tyrol, elle est, pendant la belle saison, le lieu de rendez-vous d'un grand nombre de touristes.

La gare de Sterzing possède un quai d'embarquement pour bestiaux et plusieurs voies de garage.

Après Sterzing la ligne ferrée franchit des terrains de plus en plus tourmentés à l'aide de nombreux petits tunnels et viaducs. Au sud do la petite station de *Gossensass* la vallée étant trop étroite pour contenir la voie ferrée et la rivière, on a détourné cette dernière, sur une longueur de quelques cents mètres en la faisant passer sous un tunnel. Pourquoi la rivière plutôt que la voie ferrée ? Je n'en sais rien.

A la sortie de la gare de Gossensass, la voie ferrée, pour escalader la pente sud du col, fait un brusque crochet à l'ouest, dans le vallon de *Pfersch,* traverse un tunnel demi-circulaire puis, après un parcours de 7 ou 8 kilomètres, revient presque à son point de départ, mais à une altitude de quelques cents mètres plus forte (Schelleberg).

Les voyageurs venant d'Innsbruck descendent quelquefois à *Schelleberg* et se rendent à pied à Gossensass où ils arrivent beaucoup plus vite que ceux restés dans le train.

La ligne ferrée arrive enfin au col du Brenner : ce dernier forme une petite vallée, de près de 2 kilomètres de longueur, à fond presque horizontal et dominée à l'est et à l'ouest par de hautes montagnes.

Brenner-Bad, petite station à l'entrée du col, très fréquentée l'été.

De Brenner-Station à Innsbruck.

Brenner-Station (229 kilomètres), au point le plus élevé du col (1.370 mètres), ne comprend que la gare et un hôtel.

On a élevé au bord de la voie ferrée — côté ouest — sur la ligne de séparation des bassins de l'Adriatique et de la mer Noire, un petit monument, à la mémoire de l'ingénieur Karl Etzel auquel est due la construction de la ligne du Brenner.

A partir de Brenner-Station, la ligne ferrée — *à double voie jusqu'à Innsbruck* — commence à descendre le versant nord par une pente très douce en longeant la rive droite d'un petit lac où la Sill prend sa source ; puis elle s'enfonce, à flanc de rocher, sur la paroi est de l'effroyable gorge creusée par cette rivière torrentueuse, en suivant une pente excessivement inclinée jusqu'à Gries.

Gries, petite station, bordant le précipice : on aperçoit le village, dont elle porte le nom, à quelques cents mètres de profondeur, sur la rive gauche de la Sill et à l'entrée d'un petit vallon.

Après Gries, pour diminuer l'inclinaison de la pente, la ligne fait un crochet à l'est, dans le vallon de *Schmirn*, passe par un tunnel demi-circulaire, puis revient prendre son tracé en corniche le long des rochers de la rive droite de la Sill.

A *Steinach*, la ligne passe sur la rive gauche, puis revient de nouveau sur la rive droite, après la station de *Matrei*. Avant d'arriver à la station de Patsch elle traverse le plus long tunnel de tout le parcours (940 mètres de longueur).

La voie, toujours très élevée au-dessus du lit de la rivière, continue à franchir une foule de ponts et de petits tunnels, traverse une dernière fois la Sill, à l'aide d'un magnifique viaduc, passe dans le dernier tunnel, à la sortie duquel le voyageur, quelque peu fatigué par les émotions du trajet, aperçoit tout d'abord et non sans plaisir la cime des Alpes bavaroises, puis les clochers et les maisons d'Innsbruck au milieu de la belle et large vallée de l'Inn.

Il faudrait un volume pour signaler et décrire tous les travaux d'art, tous les sites intéressants de la ligne du Brenner. Ne pouvant donner une telle extension à cette étude, je me bornerai, pour finir, à citer le passage suivant, emprunté à un petit livre, intitulé *Innsbruck et ses environs* :

« Que le voyageur prenne le train à Sterzing. Dès lors il reviendra à Innsbruck en passant par les intéressantes stations de Gossensass, de Brenner-Bad, de Brenner, de Gries, de Steinach, de Saint-Iodoch et de Patsch. Tour à tour il s'enfoncera dans le flanc de la montagne, pour s'élever ensuite jusqu'à la hauteur des glaciers. Ce sera pour

lui un perpétuel étonnement et, si idéaliste soit-il, il sera
forcé de convenir que le tracé technique du chemin de fer
du Brenner impressionne aussi vivement que les plus
sublimes spectacles de la nature. En tout cas, il emportera
de cette œuvre admirable un des plus beaux souvenirs de
son voyage en Tyrol. »

IV

La ligne ferrée Innsbruck-Brégenz, par l'Arlberg, a une
longueur de 193 kilomètres. Elle a été inaugurée en 1884 ;
elle constitue la voie la plus directe entre Paris-Vienne et
entre Londres-Constantinople.

Les courbes de cette ligne sont moins prononcées que
celles de la ligne du Brenner ; mais ses rampes sont encore
plus fortes, elles atteignent 30 millimètres par mètre sur
le versant ouest. Comme sur la ligne du Brenner, le nombre
des voitures composant les trains est peu élevé et la vitesse
de ces derniers ne dépasse pas 35 kilomètres à l'heure.

La ligne ferrée de l'Arlberg a une direction générale est-
ouest d'Innsbruck à Feldkirch et sud-nord de Feldkirch à
Brégenz.

Elle remonte la vallée de l'Inn, en longeant de très près
la rive droite de cette rivière, d'Innsbruck à Landeck, puis
la vallée de la Rosanna, affluent de gauche, jusqu'au pied de
l'Arlberg. Elle traverse cette montagne par un tunnel de
10.250 mètres de longueur, tunnel qui, à lui seul, a coûté
35 millions. Après le tunnel elle descend la vallée de l'Alfens, affluent de droite de l'Ill, jusqu'à Bludenz, puis la vallée de l'Ill, affluent de droite du Rhin, jusqu'à Feldkirch.
Enfin de Feldkirch jusqu'à Brégenz elle suit, sur la rive
droite, la vallée du Rhin.

Une route très ancienne — elle date de 1335 — condui-
sant d'Innsbruck à Feldkirch, traverse le col de l'Arlberg

(1.788 mètres). C'est une belle chaussée, praticable en toute saison. Elle a, cela va sans dire, beaucoup perdu de son importance et de son animation depuis l'exploitation de la voie ferrée.

Beaucoup moins connue, beaucoup moins étudiée que celles du Mont-Cenis et du Gothard, la ligne ferrée de l'Arlberg a cependant une importance militaire tout au moins aussi grande que celle de ces dernières.

A l'aide de cette voie ferrée l'Autriche peut maintenant concentrer en quelques jours une armée sur son extrême frontière ouest, c'est-à-dire sur le Rhin et au bord du lac de Constance, opération qui, autrefois, aurait exigé des mois. D'autre part, un ennemi de l'ouest qui réussira à s'emparer des deux débouchés du tunnel de l'Arlberg n'aura plus à aller chercher la route de Vienne du côté d'Ulm, dans la vallée du haut Danube.

D'Innsbruck à Landeck.

Innsbruck (23.000 habitants), capitale du Tyrol, sur la rive droite de l'Inn et sur la rive gauche de la Sill, près du confluent de ces deux rivières, est une ville très commerçante.

Placée au point de jonction des lignes ferrées du Brenner et de l'Arlberg, l'importance d'Innsbruck, tant au point de vue militaire que commercial, ne peut que s'accroître.

Deux ponts sur l'Inn relient Innsbruck avec Saint-Nicolas, faubourg de la rive gauche, et quatre ponts sur la Sill la relient avec les localités situées sur la rive droite de cette petite rivière.

La gare d'Innsbruck est très spacieuse, fort bien aménagée; elle possède des quais d'embarquement et de nombreuses voies de garage. Il y a en outre dans son voisinage de vastes entrepôts et des hangars pour le remisage des machines.

A la sortie de la gare d'Innsbruck la ligne ferrée de l'Arlberg décrit une assez grande courbe vers le sud puis se rapproche de la rive droite de l'Inn qu'elle ne quitte plus jusqu'à Landeck.

Le fond de la vallée de l'Inn, d'Innsbruck à Landeck, est très bien cultivé et a une largeur moyenne de 2.500 mètres. Les hauteurs de la rive gauche sont assez dénudées, celles de la rive droite sont mieux boisées. Le lit de la rivière est, en général, beaucoup plus rapproché des hauteurs de la rive droite que de celles de la rive gauche.

Kematen (10 kilomètres) (1) petite localité de la rive droite, à l'entrée de la pittoresque vallée de Selrain. Gare sans importance.

Zirl (14 kilomètres), localité de la rive gauche d'où part la route de Mittelwald (Bavière). Gare (sur la rive droite) sans importance.

Telfs (27 kilomètres), localité de la rive gauche. Gare (sur la rive droite) assez bien organisée : quai d'embarquement pour bestiaux, voies de garage.

A Telfs, la route de l'Arlberg, qui suit la rive gauche de l'Inn depuis Innsbruck, passe sur la rive droite longeant le côté sud de la voie ferrée.

Silz (38 kilomètres), localité de la rive droite. Gare sans importance.

Après Silz la route de l'Arlberg repasse sur la rive gauche et la vallée se rétrécit surtout sur la rive droite : la voie ferrée commence à suivre un tracé en corniche.

Oetzthal (46 kilomètres), station desservant la vallée de ce nom ; vallée très renommée dans le monde des touristes. Gare assez considérable : quai d'embarquement pour bestiaux, voies de garage.

La voie ferrée traverse l'Oetzbach, affluent de droite, sur un très beau viaduc.

---

(1) Distance d'Innsbruck.

Nouveau viaduc sur le Pilzbach à l'entrée de la Pilzthal, célèbre par ses glaciers.

Immst (59 kilomètres), gare assez bien organisée.

Le village de ce nom se trouve sur la rive gauche et assez éloigné du bord de l'Inn, à l'entrée de la petite vallée de Gurgl. A Immst s'embranche la route de Füssen (Bavière).

De Landeck à Bludenz.

Landeck (72 kilomètres), 2.000 habitants, au confluent de l'Inn et de la Rosanna (affluent de gauche), petite ville dominée par un vieux château fort. Reliée à Innsbruck et Feldkirck par la route et la voie ferrée de l'Arlberg, à Füssen (Bavière) par la route de la Fernpass, à Méran par la route du col de Reschen, à Bormio (Italie) par la route du Stelvio, à l'Engadine (Suisse) par la route de Nauders; elle a une certaine importance au point de vue militaire.(1).

La gare de Landeck, bien organisée, possède un quai d'embarquement, des hangars et des voies de garage.

En sortant de Landeck, la ligne ferrée traverse l'Inn et s'engage dans l'étroite et tortueuse vallée de la Rosanna, qu'elle remonte jusqu'au pied de l'Arlberg, suivant d'abord la rive droite jusqu'à Schnan, puis la rive gauche de Schnan à Saint-Anton.

La construction de cette partie de la ligne, par suite de l'étroitesse de la vallée, du grand nombre de torrents à franchir, de la friabilité des roches, des obstacles à opposer aux avalanches, a exigé un grand nombre de travaux d'art.

Pians (78 kilomètres), petite station après laquelle on a une belle échappée de vue, au sud-ouest, sur la vallée de la Trésanna : on traverse cette dernière rivière sur un viaduc de 86 mètres de hauteur.

---

(1) Une ligne ferrée, en cours d'exécution, reliera bientôt Landeck à Méran par le col de Reschen.

Les petites stations de *Wiesberg* (80 kilomètres), de *Streng* (83 kilomètres), de *Flirsch* (87 kilomètres), de *Pettnen* (93 kilomètres), de *Saint-Jacob* (95 kilomètres), que la voie traverse ensuite successivement ont des gares sans importance, qui desservent des localités assez éloignées et toutes situées sur la rive gauche, le long de la route de l'Arlberg.

Saint-Anton (100 kilomètres), à l'entrée est du tunnel : gare importante avec hangars et voies de garage.

A l'entrée du tunnel on aperçoit, dans un petit bosquet, le buste de M. Lott, le promoteur de la construction de la ligne ferrée de l'Arlberg.

Par exception, sous le tunnel, la ligne est à double voie.

Langen (111 kilomètres), au débouché ouest du tunnel : gare assez importante.

A partir de Langen, la voie descend l'étroite vallée de l'Alfens par un tracé en corniche sur les flancs des rochers de la rive droite. Nombreux travaux d'art : murs de soutènement, viaducs et tunnels jusqu'à Bludenz.

Les petites stations de *Danofen* (116 kilomètres), de *Dalaas* (121 kilomètres), de *Hintereg* (125 kilomètres), de *Bratz* (129 kilomètres) que la ligne traverse successivement, n'ont aucune importance ; les villages dont elles portent le nom et qu'elles desservent sont tous dans le fond de la vallée, à près de 100 mètres au-dessous du niveau de la voie.

Quelques kilomètres avant Bludenz, la ligne abandonne les escarpements de la rive droite pour gagner le fond de la vallée et se rapprocher de la rivière, dont elle atteint le bord à son confluent avec l'Ill.

De Bludenz à Feldkirch.

Bludenz (136 kilomètres), 4.500 habitants, petite ville très ancienne, sur la rive droite de l'Ill, dans un site très pittoresque, était autrefois fortifiée (1).

Au sud-est de Bludenz, après un défilé, s'ouvre la haute vallée de l'Ill ou Montafoner-Thal, habitée par une population parlant encore le dialecte roman.

Après Bludenz, la vallée de l'Ill s'élargit considérablement et prend le nom de *Walgau*. La voie ferrée suit, tout d'abord, la rive droite de l'Ill, puis passe sur la rive gauche après la station de *Strasn* et enfin repasse sur la rive droite un peu avant d'arriver à Feldkirch.

Vue bornée sur la rive gauche, mais assez étendue sur la rive droite, surtout aux abords de la petite station de *Neuzing* (146 kilomètres), où l'on a une belle échappée sur la petite vallée de la Lutz (Walser-Thal).

Le Walgau est bien cultivé et possède un grand nombre d'établissements industriels : peignages, tissages, teintureries, échelonnés le long de la voie ferrée.

Frastanz (152 kilomètres), village assez important, à cheval sur les deux rives du Tamina et à l'entrée de la gorge formée par ce torrent, est célèbre par la victoire que les Suisses remportèrent, le 20 avril 1499, sur les Impériaux : ces derniers laissèrent 3.000 hommes sur le terrain. Une chapelle a été élevée, près du pont, pour perpétuer ce douloureux souvenir.

A l'ouest de Frastanz, la vallée se rétrécit brusquement et forme un court mais très étroit défilé que la ligne ferrée évite en traversant un petit tunnel : après ce dernier, on découvre brusquement Feldkirch.

---

(1) La gare de Bludenz est bien organisée : elle possède des quais d'embarquement pour bestiaux, des hangars et de nombreuses voies de garage.

De Feldkirch à Brégenz.

Feldkirch (157 kilomètres), 3.600 habitants, petite ville située sur la rive droite de l'Ill, au débouché ouest du défilé mentionné ci-dessus, était autrefois fortifiée. Mas-séna tenta vainement de s'emparer de Feldkirch en 1799; il donna, les 23 et 24 mars, deux assauts à la colline de Sainte-Marguerite, qui domine la ville à l'ouest, mais ces deux assauts furent repoussés (1).

Par sa position, au débouché ouest du défilé qui donne accès dans le Walgau et par suite dans le Tyrol, à l'inter-section des voies ferrées et routes se dirigeant sur l'Autri-che, la Bavière et la Suisse, et, aussi, par son voisinage des ponts de *Vaduz,* de *Schaan,* de *Flux,* de *Meiningen* et de *Koblach,* qui relient les deux rives du Rhin, Feldkirch a toujours, quoique démantelée, une grande importance au point de vue militaire.

La gare de Feldkirch, à 600 mètres au nord de la ville, possède des quais d'embarquement, des hangars et de nombreuses voies de garage.

Après Feldkirch la ligne ferrée entre dans la belle et large vallée du Rhin, suivant une direction sud-nord et longeant d'assez près le pied des hauteurs de la rive droite. Vue magnifique, à l'ouest, sur les Alpes d'Appenzell et de Saint Gall.

La vallée du Rhin, entre Feldkirch et Brégenz, a une lar-geur moyenne de 10 kilomètres.

A 2 kilomètres au nord de Feldkirch, embranchement de la ligne ferrée *Buchs-Sargans-Zurich-Bâle* suivie par les trains rapides Paris-Vienne.

Kankweil (161 kilomètres), petite localité sur le Muhlbach, gare sans importance. Une bonne route, passant par Kank-

---

(1) Elle fut prise l'année suivante par Lecourbe.

weil, conduit d'Oberriet (Suisse) à Bludenz par le col du Schwarzer-See, permettant ainsi de tourner le défilé de Feldkirch.

Götzis (169 kilomètres), petite station, reliée à Montlingen (Suisse) par une bonne route traversant le Rhin sur le pont de Koblach.

Hohenems (174 kilomètres), petite ville industrielle, dans une position très pittoresque, au pied d'énormes rochers. Sa gare possède un quai d'embarquement pour bestiaux et des voies de garage.

Dornbirn (1) (181 kilomètres), agglomération industrielle composée de plusieurs villages très rapprochés les uns des autres, traversée par la Dorn, petite rivière qui se jette directement dans le lac de Constance en formant un petit delta.

La gare de Dornbirn possède un quai d'embarquement pour bestiaux et plusieurs voies de garage.

Lautrach (189 kilomètres), à l'embranchement de la voie ferrée suisse, qui dessert la rive sud du lac de Constance.

Au nord de Lautrach la ligne ferrée traverse sur viaduc la Brégenz, rivière torrentueuse qui prend sa source près de l'Arlberg, traverse tout le massif très tourmenté, connu sous le nom de *Brégenz-Wald*, en coulant dans des gorges très profondes, puis se jette dans le lac de Constance après un cours de plus de 60 kilomètres.

Brégenz (193 kilomètres), 6.500 habitants, chef-lieu de la province du Vorarlberg, sur le versant d'une colline à l'extrémité sud-est du lac de Constance.

Le port, au pied de la vieille ville, avec quais, jetées, phares, salles d'attente, docks est un des mieux organisés de ceux situés sur les rives du lac de Constance.

Brégenz a deux gares : l'une au sud et l'autre au nord

---

(1) Dornbirn compte près de 10.000 habitants. Nombreuses filatures de coton.

près du port; cette dernière est tout particulièrement bien organisée et bien outillée. C'est à la gare du port qu'a lieu la jonction des chemins de fer autrichiens et bavarois quoique la frontière soit à 5 kilomètres plus au nord.

Lindau, première station bavaroise, est à 10 kilomètres; il faut vingt minutes en bateau et dix minutes en chemin de fer pour s'y rendre.

V

Pour se rendre à Saint-Louis (haute Alsace), une armée italienne, partant de Vérone par voie ferrée, aurait à franchir une distance de 789 kilomètres:

De Vérone à Innsbruck, par le Brenner........	270 kilomètres,
D'Innsbruck à Brégenz, par l'Arlberg..........	193,
De Brégenz à Saint-Louis, par Lindau, Kissleg, Aulendorf, Schwachenreuth, Singen, Immendigen, Oberlauchingen, Säckingen, Lorrach..	326,
	789 kilomètres.

En admettant que les trains militaires marchent avec la vitesse des trains rapides qui parcourent actuellement ces lignes, il faudra : huit heures pour aller de Vérone à Innsbruck, six heures pour aller d'Innsbruck à Brégenz et huit heures pour aller de Brégenz à Saint-Louis.

Si à cela on ajoute un arrêt de deux heures à Feldkirch ou à Brégenz, pour permettre à la troupe de prendre un repas, on obtient un total de vingt-quatre heures pour la durée de ce trajet.

Admettons encore que l'armée italienne destinée à opérer en Alsace soit formée avec les deux corps d'armée les plus rapprochés du point d'embarquement, c'est-à-dire le 3e (Milan) et le 5e (Vérone). Dans ce cas, on peut supposer que le 5e corps pourra être concentré à Vérone et prêt à commencer les opérations d'embarquement le huitième jour de la mobilisation, et le 3e corps le dixième jour.

Il est admis que le transport d'un corps d'armée par voie ferrée exige, au minimum, 100 trains de 50 voitures chacun; ce qui donne, pour deux corps d'armée : 10.000 voitures. Comme je l'ai dit précédemment, sur les lignes ferrées du Brenner et de l'Arlberg, en raison des fortes rampes et courbes, les trains comprennent rarement plus de 20 voitures; mais admettons que, pour la circonstance, on se risque à faire circuler des trains de 30 voitures, il n'en faudra pas moins 334 trains pour le transport des deux corps d'armée.

Supposons encore que, quoique les lignes ferrées mentionnées ci-dessus soient en général à voie unique, les trains puissent se succéder d'heure en heure.

En partant de ces données, basées sur les prévisions les plus favorables, nous voyons que les premières troupes italiennes pourront être embarquées à Vérone le huitième jour de la mobilisation (à 6 heures du matin) et arriver à Saint-Louis le neuvième jour à la même heure, et que les dernières troupes embarquées à Vérone le quatorzième jour n'arriveront à Saint-Louis que le quinzième jour, à 4 heures du matin.

Pour se rendre à la frontière et arriver dans la zone des opérations militaires, il faudra, à cette armée italienne, cantonnée dans les environs de Saint-Louis, au moins quatre ou cinq jours.

Par conséquent, dans l'état actuel des lignes ferrées de l'Arlberg et du Brenner, une armée italienne utilisant ces lignes pour gagner la haute Alsace ne pourra prendre une part active aux opérations militaires dirigées contre la France que vingt jours après la déclaration de guerre.

En 1870, vingt jours après la déclaration de guerre, des batailles décisives avaient déjà été ou étaient sur le point d'être livrées, et tout fait prévoir que, dans une prochaine guerre, les grandes batailles suivront encore de plus près le commencement des hostilités; par conséquent, une armée italienne arrivera toujours trop tard sur notre frontière nord-est pour pouvoir, *dans les premières grandes batailles*, faire pencher la balance en faveur de l'Allemagne.

Il y a lieu de remarquer que, dans notre calcul, nous avons supposé les lignes ferrées employées pour le transport de l'armée italienne comme entièrement libres, et cette armée comme disposant d'un matériel roulant (locomotives et wagons) suffisant. Mais en sera-t-il bien ainsi dans la réalité, surtout pour ce qui concerne le matériel? Trois cent trente-quatre trains à remorquer de Vérone à Saint-Louis, ce n'est pas peu de chose! Et cela à un moment où Italiens comme Autrichiens et Allemands auront besoin de toutes leurs ressources, comme moyens de transport, pour parer au plus pressé.

Si encore les lignes ferrées employées étaient à double voie, il serait relativement facile de réexpédier le matériel disponible de Saint-Louis à Vérone. Mais, sur des lignes ferrées à voie unique sur presque tout le parcours et sur lesquelles circuleront des trains se suivant d'heure en heure, comment arrivera-t-on à faire refluer le matériel vide sur la station de départ?

Donc, tant que des améliorations n'auront pas été apportées à l'état actuel des lignes du Brenner et de l'Arlberg, il y a beaucoup de chances pour que le temps, déjà considérable, indiqué ci-dessus, soit encore insuffisant pour permettre à une armée italienne d'arriver sur les Vosges.

Notice sur Andréas Hofer (1).

Andréas Hofer naquit, en 1765, dans la vallée de la Passeyr, au bourg de Saint-Léonard, près de Méran

Sa famille tenait l'auberge « am Sand »; de là vient que Hofer est souvent appelé, dans l'histoire du Tyrol, le Sandwirth (l'aubergiste du Sable).

C'était là qu'il exerçait la profession de ses ancêtres lorsque, par le traité de Presbourg, le Tyrol fut arraché à l'Autriche et cédé à la Bavière, l'alliée de Napoléon.

Indigné par les tracasseries des bureaucrates bavarois, Hofer n'eut plus qu'une pensée : affranchir son pays du joug étranger. Dans ce but, il échangea une correspondance avec l'archiduc Jean. Le 16 janvier 1809, il se rendit à Vienne avec deux autres compatriotes; il eut avec le prince plusieurs entrevues, dans lesquelles le plan de la délivrance fut définitivement arrêté. Lorsque tout fut bien concerté, Andréas revint à Saint-Léonard avec la nomination de commandant en chef des forces nationales.

A partir de ce jour, son cabaret devint le rendez-vous de tous ceux qui songeaient à l'affranchissement du sol natal. A quiconque pouvait servir la chose sainte, Hofer s'ouvrait de ses vues et de ses projets. Plusieurs le blâmaient de se confier ainsi au premier venu. A cela il avait coutume de répondre : « Il n'y a pas de traîtres dans mon pays. » Et, de fait, le secret fut si religieusement gardé que rien de cette vaste conjuration n'avait transpiré, lorsqu'arriva la nuit du 10 avril 1809, moment fixé pour l'explosion de l'insurrection.

Dans cette nuit, de grands feux allumés dans les montagnes appelèrent les conjurés aux armes, et, le 11 avril, à la tête de 4.500 hommes, le « Sandwirth » attaqua brave-

---

(1) *Innsbruck et environs* (Vichart). Vagner, édit.

ment les Bavarois et les battit complètement. Le lendemain, 15.000 paysans cernaient Innsbruck, prenaient d'assaut les hauteurs et les ponts, pénétraient dans la ville, où s'engagea une lutte corps à corps, et forçaient à capituler le général Brisson, commandant les troupes bavaroises et françaises.

Ainsi, après quatre jours de combat, les Tyroliens tenaient en leur pouvoir 2 généraux, 132 officiers, 5.910 hommes, 3 drapeaux, 5 canons et 800 chevaux !

Vers la fin d'avril, le Tyrol était entièrement libre, sauf la forteresse de Kufstein, restée entre les mains des Bavarois. Mais, à ce moment, l'Autriche, reprenant les rênes du gouvernement, confia le commandement des troupes au général Chasteler, dont on a dit qu'il eut toujours la malechance d'arriver trop tard ou de repartir trop tôt.

En réalité, ce général réussit à perdre en quelques jours les avantages remportés par les paysans. Il fut obligé de se rejeter au delà du Brenner et de laisser à Andréas Hofer le soin de défendre seul la partie du Tyrol non reconquise par l'ennemi.

Le 20 mai, les Français et les Bavarois rentraient dans Innsbruck. Alors, Hofer résolut de tenter un effort suprême. Il appela au secours de la patrie tout ce qui était capable de porter les armes, et la victoire ne se fit pas attendre. En quelques jours Innsbruck fut repris et le Tyrol une seconde fois délivré par ses enfants.

Le 6 juillet, l'Autriche, vaincue à Wagram, dut signer l'armistice de Znaïm, et, dans cette convention, il n'était pas question du Tyrol !

Hofer refusa de croire qu'on eût abandonné son pays à la vengeance du vainqueur. Lorsqu'il vit l'armée autrichienne quitter Innsbruck et se replier devant les 50.000 hommes du maréchal Lefebvre, il jura de vaincre encore une fois ou de mourir.

Caché dans une gorge impénétrable, il faisait porter de

vallée en vallée ses appels aux armes. Ses ordres étaient signés : *Andréas Hofer, de là où je suis*. Ses lieutenants adressaient leurs réponses : *à Andréas Hofer, là où il est*.

Il surprend l'avant-garde du maréchal Lefebvre, commandée par le général Rouyer, dans les environs de Mittelwald, la défait complètement et la poursuit jusqu'au nord du Brenner.

Huit jours après, les Tyroliens avaient repoussé l'envahisseur jusque dans la vallée de l'Inn et étaient venus prendre position sur l'Iselberg, devant Innsbruck. Il s'agissait de compléter la victoire et de reprendre Innsbruck. Hofer fixe au 14 août le jour de l'attaque. Ce jour-là, après avoir entendu la messe, dite par un de ses lieutenants, le capucin Haspinger, il donne le commandement de son aile droite à ce dernier, celui de l'aile gauche à Speckbacher, puis prend le commandement du centre et marche droit sur Innsbruck en criant : « En avant pour la patrie ! Dieu nous protège ! » Devant cette attaque furieuse et subite, les troupes du maréchal Lefebvre fléchissent, et de nouveau elles évacuent Innsbruck.

Le lendemain 15 août, Hofer, à la tête de son armée, fit sa troisième entrée triomphale dans la capitale du Tyrol.

Devenu dictateur, Andréas Hofer marqua tous les actes de son gouvernement du caractère religieux et patriotique qui faisait la force et le fond de sa nature.

Mais son dernier triomphe ne devait être encore que de courte durée. Bientôt la paix de Vienne força l'Autriche à renoncer au Tyrol. L'archiduc Jean écrivit lui-même à Hofer et l'engagea à mettre bas les armes.

Hofer ne se rendit pas à cette injonction ; il essaya quand même de continuer la lutte, mais, se voyant abandonnés, ses soldats se décourageaient. Speckbacher et Haspinger se cachèrent quelque temps dans les montagnes, puis parvinrent, après des efforts inouïs, à se réfugier à Vienne.

Hofer, voyant que tout était perdu, congédia la poignée de soldats qui lui restaient, et son dernier mot fut : « A bientôt, mes amis, le Tyrol ne périra pas ! »

Sa tête fut mise à prix ; trahi par un misérable, il fut pris dans un chalet perdu au milieu des neiges et conduit à Mantoue, escorté d'étape en étape par un bataillon d'infanterie et un détachement de cavalerie. Il fut traduit devant un conseil de guerre présidé par le général Bisson, son ancien adversaire, et condamné à mort.

Il dit, au prononcé du jugement : « Adieu, méprisable monde ! Pour un honnête homme, la mort est si peu de chose qu'au moment de la quitter je ne trouve pas une larme de regret ! »

Il fut fusillé le 20 février 1810, et mourut très bravement.

FIN

Carte du Tyrol.

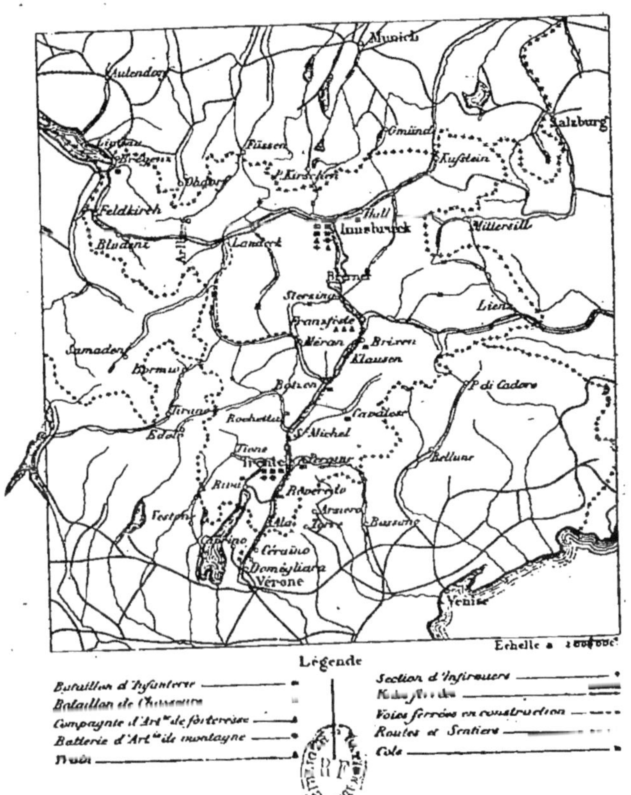

Légende

TABLE DES MATIÈRES

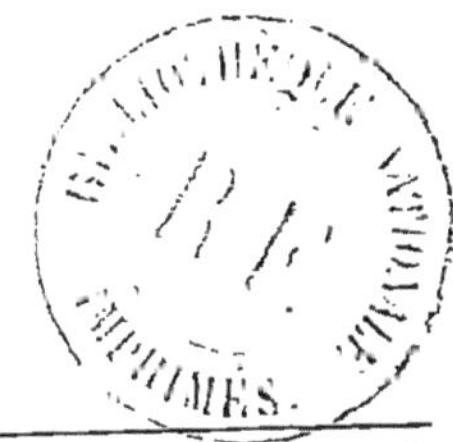

Paris et Limoges. — Imprimerie militaire H. Charles-Lavauzelle.